AF205376

Impressum
Verlag: BABADADA GmbH, Nedderfeld 112 , 22529 Hamburg
Geschäftsführer / Verlagsleitung: Harald Hof
Druck: Books on Demand GmbH, In de Tarpen 42, 22848 Norderstedt

Imprint
Publisher: BABADADA GmbH, Nedderfeld 112 , 22529 Hamburg, Germany
Managing Director / Publishing direction: Harald Hof
Print: Books on Demand GmbH, In de Tarpen 42, 22848 Norderstedt, Germany

sekolah

школа

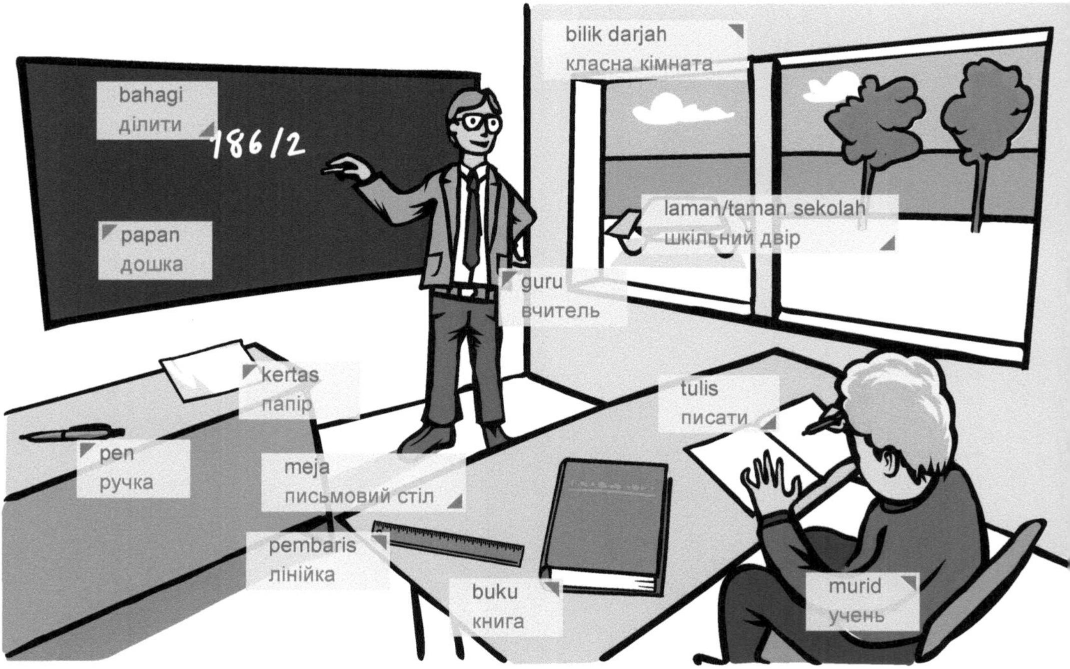

bilik darjah
класна кімната
bahagi
ділити
186/2
papan
дошка
laman/taman sekolah
шкільний двір
guru
вчитель
kertas
папір
tulis
писати
pen
ручка
meja
письмовий стіл
pembaris
лінійка
buku
книга
murid
учень

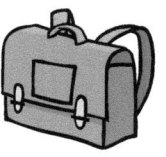

beg galas

ранець

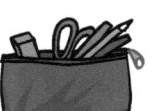

kotak pensel

пенал

pensel

олівець

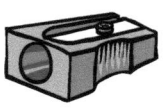

pengasah pensel

точило

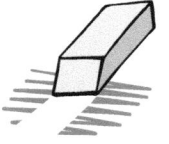

pemadam

гумка

kertas lukisan

альбом для малювання

melukis

малюнок

berus lukis

пензель

kotak warna

коробка фарб

gunting

ножиці

gam

клей

buku latihan

зошит

kerja rumah

домашнє завдання

nombor

число

tambah

додавати

tolak

віднімати

darab

множити

kira

рахувати

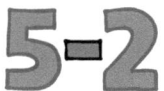

huruf

літера

abjad

абетка

kata

слово

teks

текст

baca

читати

kapur

крейда

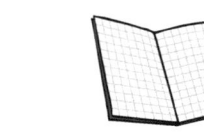

pelajaran

година

daftar

класний журнал

peperiksaan

екзамен

sijil

диплом

uniform sekolah

шкільна форма

pendidikan

освіта

ensiklopedia

лексикон

universiti

університет

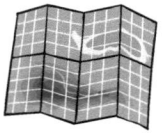

mikroskop

мікроскоп

peta

карта

bakul sampah

кошик для паперу

berjalan
подорож

hotel
готель
Grand
asrama
турбаза
ROOMS
pejabat tukaran mata wang
обмінний пункт
beg pakaian
валіза
kereta
автомобіль

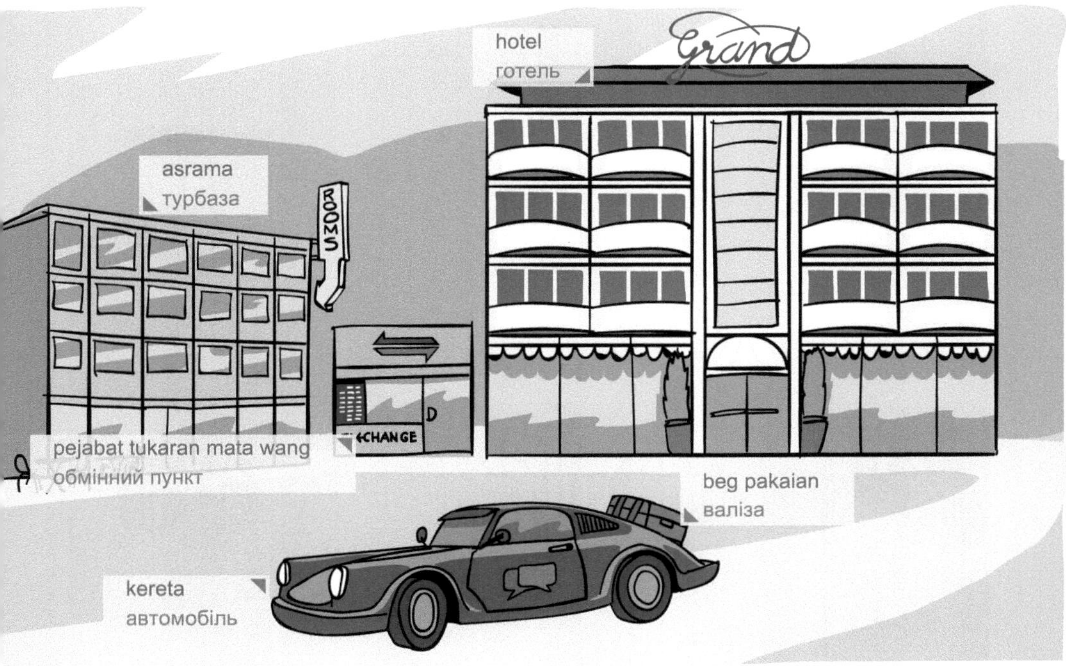

bahasa
....
мова

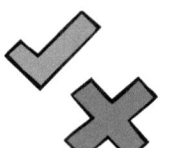

ya / tidak
....
так / ні

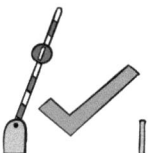

okey
....
добре

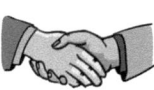

helo
....
привіт

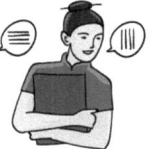

penterjemah
....
перекладач

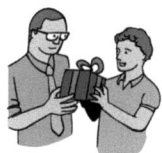

Terima kasih
....
дякую

berapa banyak...?

Скільки коштує ...?

saya tidak faham

Я не розумію

masalah

проблема

Selamat petang!

Добрий вечір!

Selamat Pagi!

Доброго ранку!

Selamat Malam!

На добраніч!

selamat tinggal

До побачення

arah

напрямок

bagasi

багаж

beg

сумка

beg galas

рюкзак

tetamu

гість

bilik tidur

кімната

beg tidur

спальний мішок

khemah

намет

maklumat pelancong

туристична інформація

pantai

пляж

kad kredit

кредитна картка

sarapan

сніданок

makan tengah hari

обід

makan malam

вечеря

tiket

квиток

lif

ліфт

setem

поштова марка

sempadan

межа

kastam

митниця

kedutaan

посольство

visa

віза

pasport

паспорт

pengangkutan

транспорт

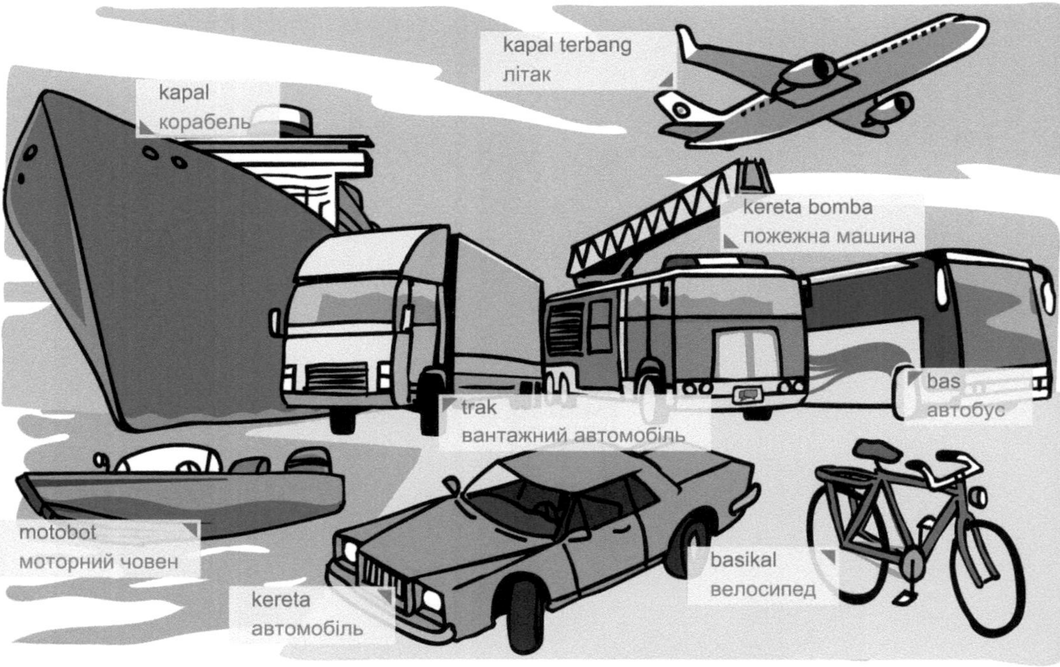
kapal terbang
літак
kapal
корабель
kereta bomba
пожежна машина
bas
автобус
trak
вантажний автомобіль
motobot
моторний човен
basikal
велосипед
kereta
автомобіль

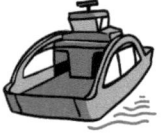

feri

пором

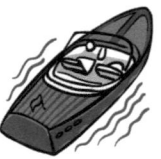

bot

човен

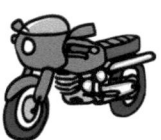

motosikal

мотоцикл

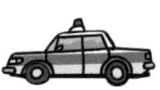

kereta polis

поліцейська машина

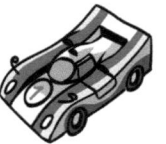

kereta lumba

гоночний автомобіль

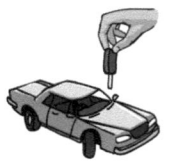

kereta sewa

автомобіль на прокат

berkongsi kereta

спільне користування авто

trak tunda

евакуатор

trak menolak

сміттєвоз

motor

двигун

bahan api

паливо

stesen minyak

автозаправна станція

tanda trafik

дорожній знак

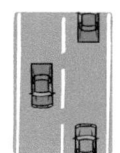

trafik

рух

kesesakan lalu lintas

затор

tempat parkir

стоянка

stesen kereta api

вокзал

trek

рейки

kereta api

потяг

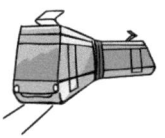

trem

трамвай

gerabak

вагон

helikopter

гелікоптер

lapangan terbang

аеропорт

Menara

вежа

penumpang

пасажир

bekas

контейнер

kadbod

коробка

kart

візок

bakul

кошик

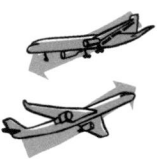

berlepas / mendarat

стартувати / приземлятися

bandar

місто

kampung

село

pusat bandar

центр міста

rumah

дім

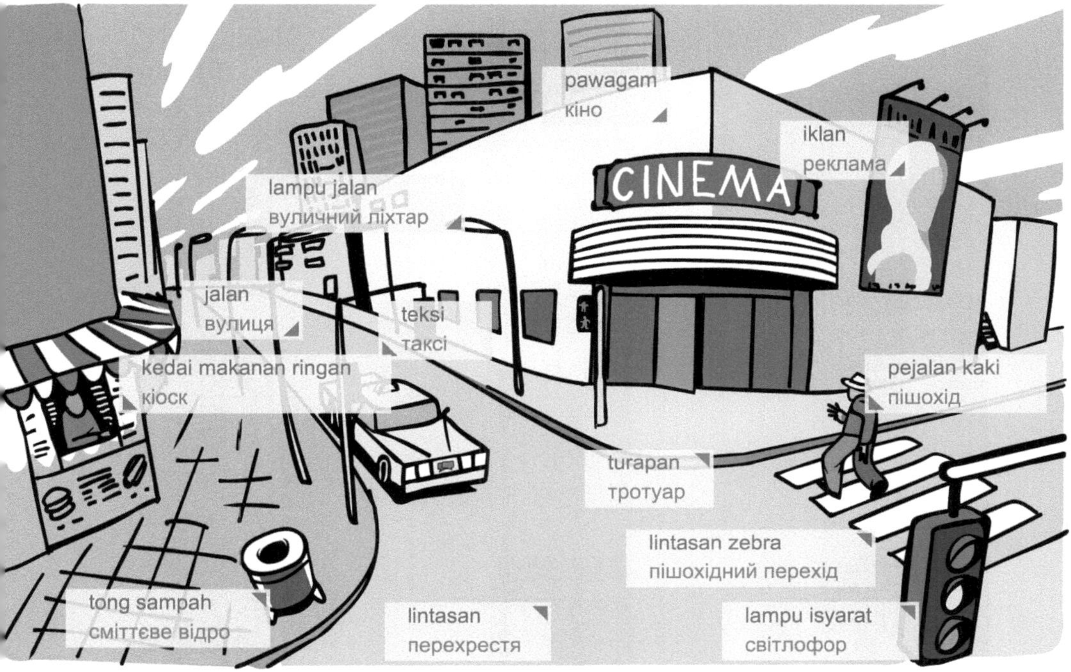

pawagam
кіно
iklan
реклама
CINEMA
lampu jalan
вуличний ліхтар
jalan
вулиця
teksi
таксі
kedai makanan ringan
кіоск
pejalan kaki
пішохід
turapan
тротуар
lintasan zebra
пішохідний перехід
tong sampah
сміттєве відро
lintasan
перехрестя
lampu isyarat
світлофор

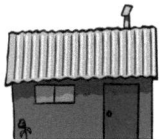

pondok

хатина

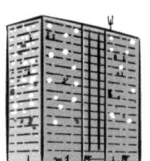

flat

квартира

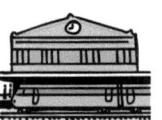

stesen kereta api

вокзал

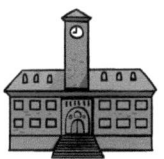

dewan bandar

ратуша

MUSEUM

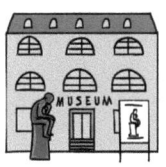

muzium

музей

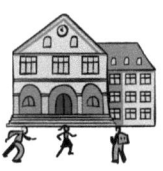

sekolah

школа

universiti

університет

bank

банк

hospital

лікарня

hotel

готель

farmasi

аптека

pejabat

офіс

kedai buku

книжковий магазин

kedai

магазин

kedai bunga

квітковий магазин

pasar raya

супермаркет

pasaran

ринок

gedung

універмаг

penjual ikan

торговець рибою

pusat membeli-belah

торговельний центр

pelabuhan

гавань

taman

парк

bangku

лава

jambatan

міст

tangga

сходи

bawah tanah

метро

terowong

тунель

hentian bas

автобусна зупинка

bar

бар

restoran

ресторан

peti surat

поштова скринька

papan tanda jalan

вулична табличка

meter parkir

лічильник паркування

zoo

зоопарк

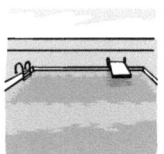

kolam renang

басейн

masjid

мечеть

ladang

ферма

pencemaran

забруднення навколишнього середовища

tanah perkuburan

кладовище

gereja

церква

taman permainan

дитячий майданчик

kuil

храм

landskap
ландшафт

daun
листок

tiang tanda
вказівний стовп

jalan
шлях

padang rumput
луг

batu
камінь

pokok
дерево

pejalan kaki
мандрівник

sungai
річка

rumput
трава

bunga
квітка

lembah

долина

bukit

гора

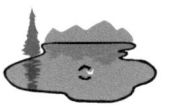

tasik

озеро

hutan

ліс

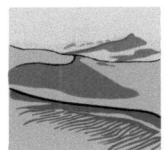

padang pasir

пустеля

gunung berapi

вулкан

istana

замок

pelangi

веселка

cendawan

гриб

pokok kelapa sawit

пальма

nyamuk

комар

terbang

муха

semut

мурашка

lebah

бджола

labah-labah

павук

kumbang

жук

katak

жаба

tupai

вивірка

landak

їжак

arnab

заєць

burung hantu

сова

burung

птах

angsa

лебідь

babi jantan

кабан

rusa

олень

moose

лось

empangan

гребля

turbin angin

вітряк

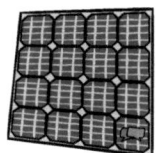

panel solar

сонячний модуль

iklim

клімат

restoran
ресторан

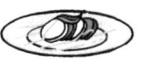

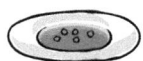

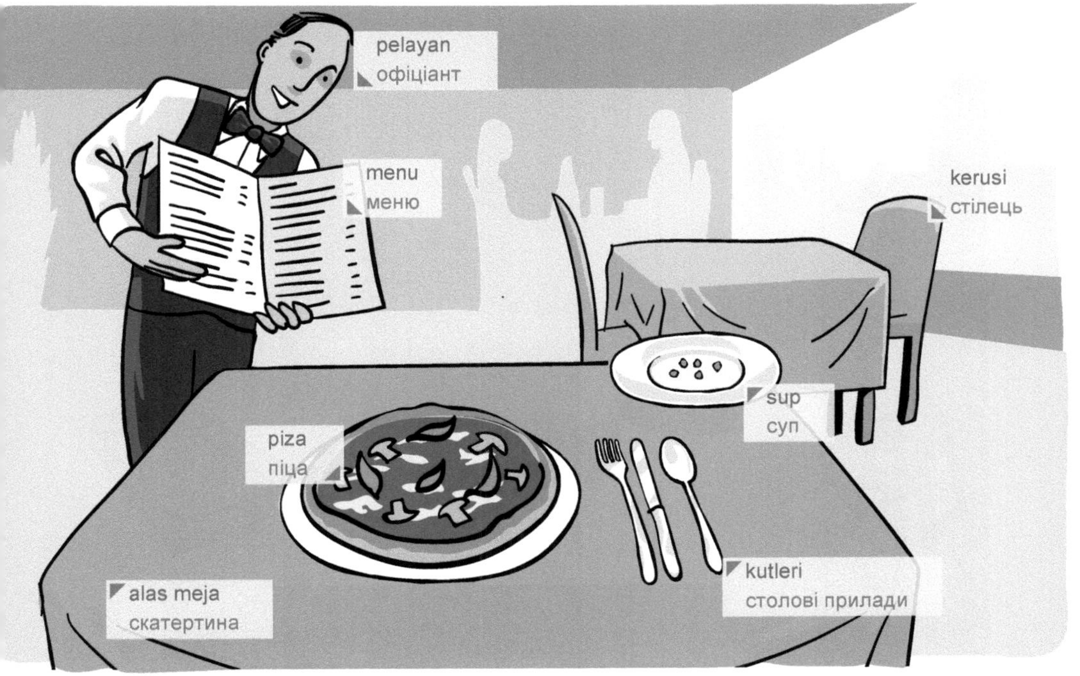
pelayan
офіціант
menu
меню
kerusi
стілець
sup
суп
piza
піца
kutleri
столові прилади
alas meja
скатертина

pemula

закуска

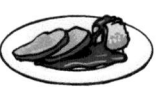

hidangan utama

друга страва

pencuci mulut

десерт

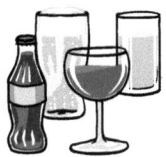

minuman

напої

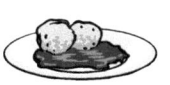

makanan

їжа

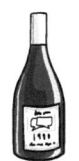

botol

пляшка

makanan segera

фаст-фуд

makanan jalanan

вулична їжа

teko

чайник

mangkuk gula

цукорниця

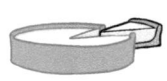

bahagian

порція

mesin espreso

еспресо-машина

kerusi tinggi

високий стільчик

bil

рахунок

dulang

піднос

pisau

ніж

garfu

вилка

sudu

ложка

sudu teh

чайна ложка

serviette

серветка

gelas

склянка

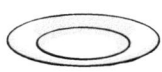

pinggan

тарілка

mangkuk sup

тарілка для супу

piring

блюдце

sos

соус

tempat garam

солонка

pengisar lada

млин для перцю

cuka

оцет

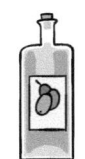

minyak

масло

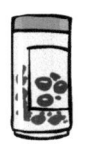

rempah

спеції

sos

кетчуп

mustard

гірчиця

mayones

майонез

tawaran istimewa
пропозиція

pelanggan
клієнт

tenusu
молочні продукти

troli
візок для покупок

buah-buahan
фрукти

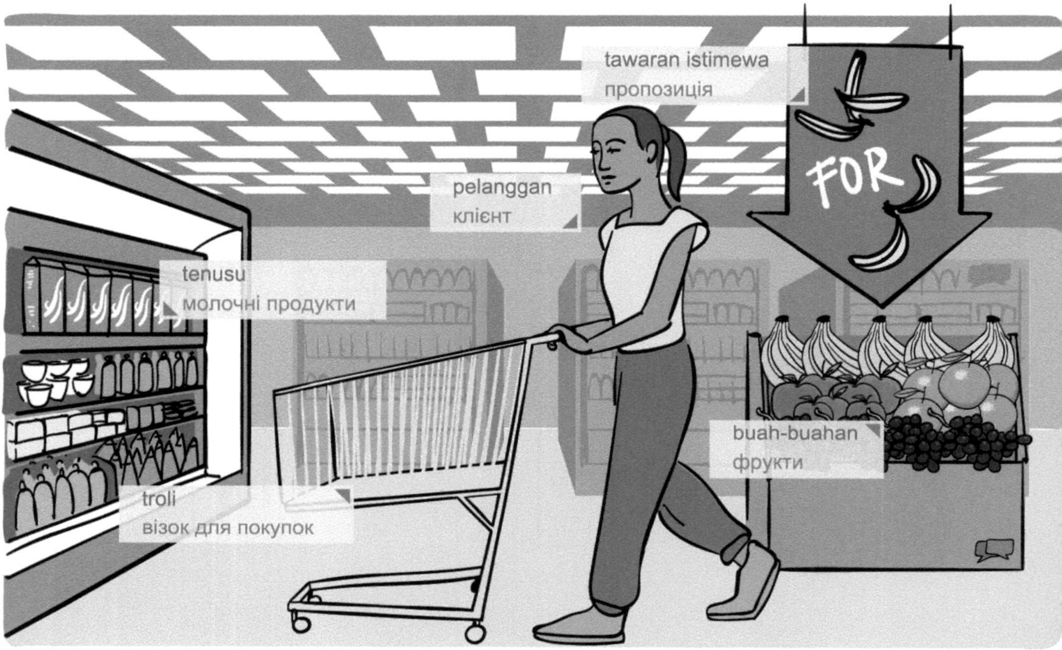

tukang daging

м'ясний магазин

kedai roti

пекарня

berat

зважувати

sayur-sayuran

овочі

daging

м'ясо

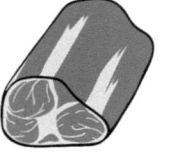

makanan sejuk beku

заморожені продукти

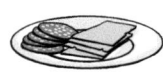

daging sejuk

ковбасна нарізка

makanan dalam tin

консерви

serbuk pencuci

пральний порошок

gula-gula

солодощи

produk isi rumah

предмети домашнього побуту

produk pembersihan

мийний засіб

orang jualan

продавщиця

daftar tunai

каса

juruwang

касир

senarai membeli-belah

список покупок

waktu pembukaan

часи роботи

beg duit

гаманець

kad kredit

кредитна картка

beg

сумка

beg plastik

поліетиленовий пакет

air

вода

jus

сік

susu

молоко

kola

кола

wain

вино

bir

пиво

alkohol

алкоголь

koko

какао

the

чай

kopi

кава

espreso

еспресо

kapucino

капучіно

pisang

банан

epal

яблуко

oren

апельсин

tembikai

кавун

lemon

лимон

lobak merah

морква

bawang putih

часник

buluh

бамбук

bawang

цибуля

cendawan

гриб

kacang

горішки

mi

локшина

spageti

спагеті

nasi

рис

salad

салат

kerepek

картопля фрі

kentang goreng

смажена картопля

piza

піца

hamburger

гамбургер

sandwic

бутерброд

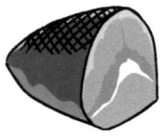

kutlet

шніцель

ham

шинка

salami

салямі

sosej

ковбаса

ayam

курка

panggang

печеня

ikan

риба

bubur oat

вівсяні пластівці

muesli

мюслі

emping jagung

кукурудзяні пластівці

tepung

борошно

kroisan

круасан

roti roll

булочка

roti

хліб

roti bakar

тостовий хліб

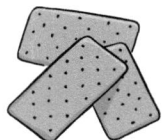

biskut

печиво

mentega

масло

dadih

сир

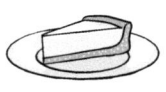

kek

пиріг

telur

яйце

telur goreng

яєчня

keju

сир

ais krim

морозиво

gula

цукор

madu

мед

jem

мармелад

krim nougat

нуга-крем

kari

карі

ladang
ферма

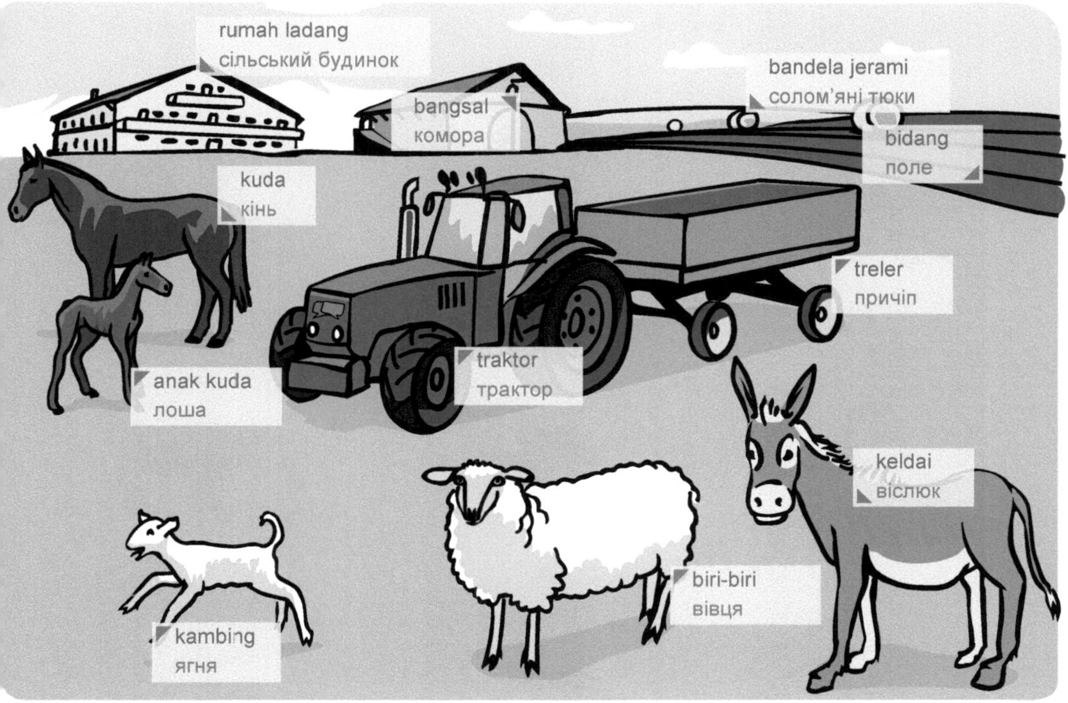
rumah ladang
сільський будинок
bandela jerami
солом'яні тюки
bangsal
комора
bidang
поле
kuda
кінь
treler
причіп
traktor
трактор
anak kuda
лоша
keldai
віслюк
biri-biri
вівця
kambing
ягня

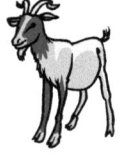

kambing

коза

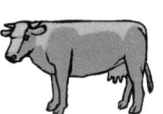

lembu

корова

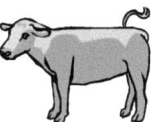

anak lembu

теля

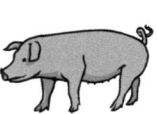

babi

свиня

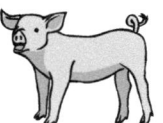

anak babi

порося

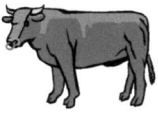

lembu

бик

angsa

гусак

itik

качка

anak ayam

курча

ayam betina

курка

ayam jantan muda

півень

tikus

щур

kucing

кіт

tikus

миша

lembu jantan

віл

anjing

собака

rumah anjing

собача будка

hos taman

садовий шланг

bekas siraman

лійка

sabit

коса

bajak

плуг

sabit

серп

cangkul

мотика

serampang peladang

вила

kapak

сокира

kereta sorong

тачка

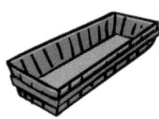

palung

корито

tin susu

бідон молока

karung

мішок

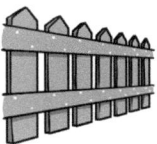

pagar

паркан

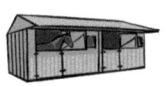

stabil

хлів

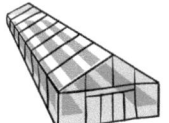

rumah hijau

теплиця

tanah

ґрунт

benih

насіння

baja

добриво

jentuai

комбайн

tuai

пожинати

menuai

урожай

keladi

корінь ямсу

gandum

пшениця

soya

соя

kentang

картопля

jagung

кукурудза

biji sawi

ріпак

pokok buah-buahan

плодове дерево

ubi kayu

маніок

bijirin

злаки

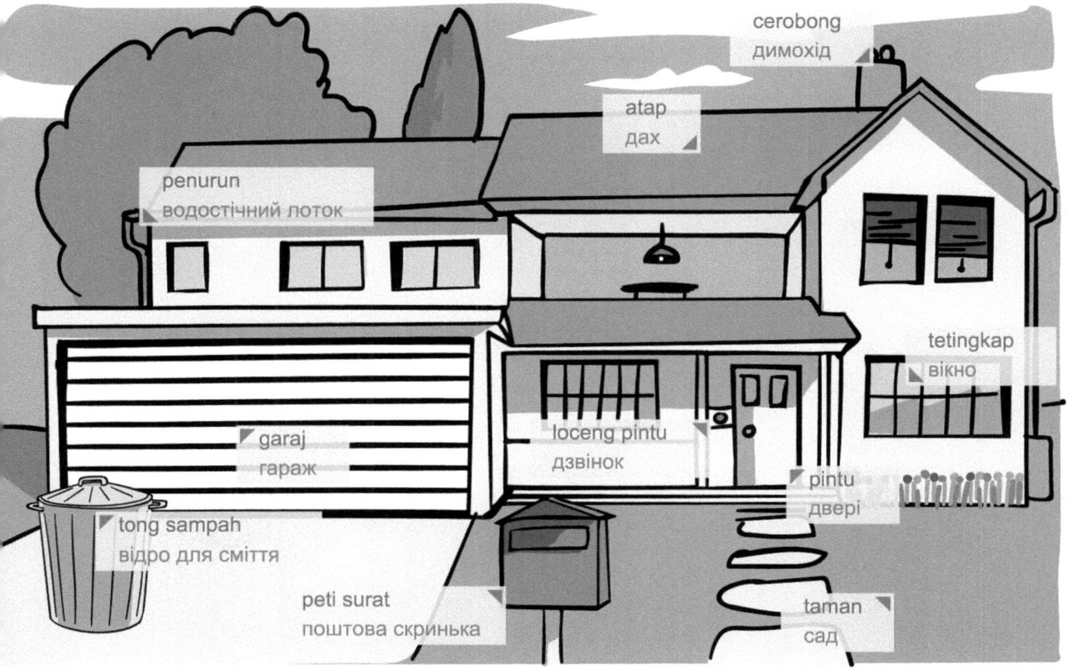

cerobong
димохід

atap
дах

penurun
водостічний лоток

tetingkap
вікно

garaj
гараж

loceng pintu
дзвінок

pintu
двері

tong sampah
відро для сміття

peti surat
поштова скринька

taman
сад

ruang tamu

вітальня

bilik air

ванна кімната

dapur

кухня

bilik tidur

спальня

bilik kanak-kanak

дитяча кімната

ruang makan

їдальня

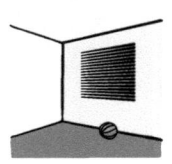

lantai

підлога

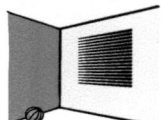

dinding

стіна

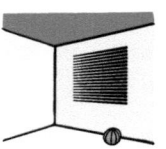

siling

стеля

bilik bawah tanah

підвал

sauna

сауна

balkoni

балкон

teres

тераса

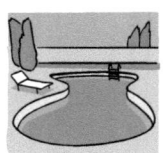

kolam renang

басейн

pemotong rumput

косарка

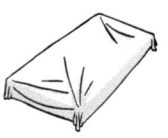

lembaran

простирало

penutup tilam

ковдра

katil

ліжко

penyapu

мітла

timba

відро

suis

перемикач

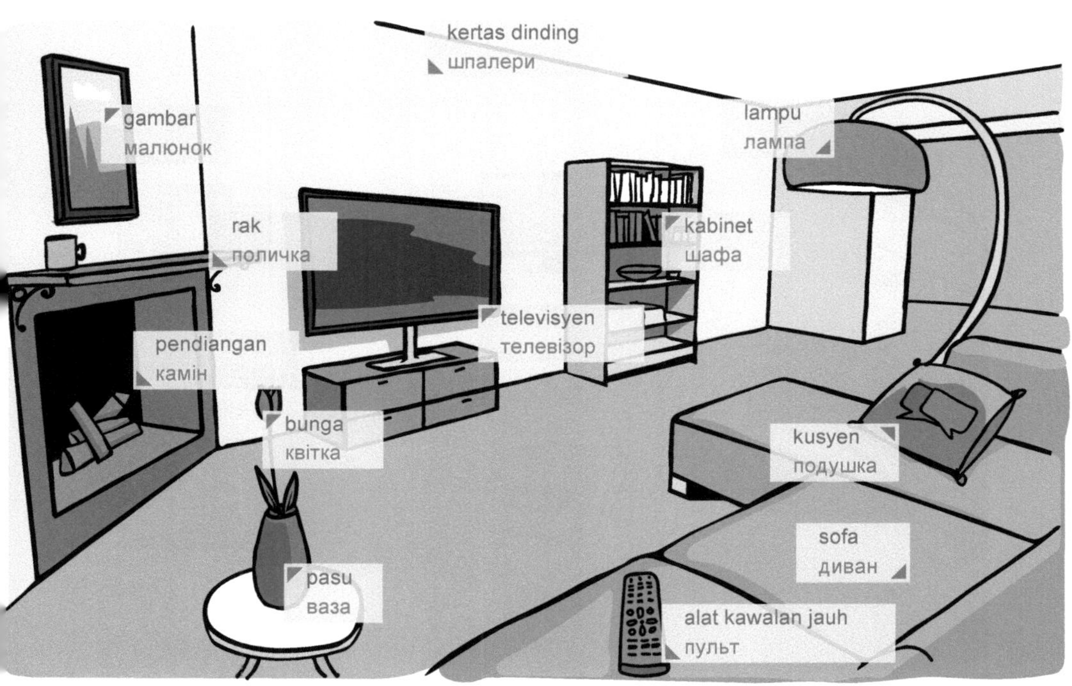

kertas dinding
шпалери

gambar
малюнок

lampu
лампа

rak
поличка

kabinet
шафа

televisyen
телевізор

pendiangan
камін

bunga
квітка

kusyen
подушка

sofa
диван

pasu
ваза

alat kawalan jauh
пульт

permaidani
....
килим

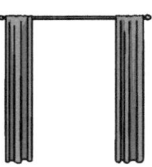

tirai
....
завіса

meja
....
стіл

kerusi
....
стілець

kerusi malas
....
крісло-гойдалка

kerusi
....
крісло

buku

книга

selimut

ковдра

hiasan

прикраса

kayu api

дрова

filem

фільм

hi-fi

стереосистема

kunci

ключ

akhbar

газета

lukisan

картина

poster

плакат

radio

радіо

buku catatan

блокнот

penyedut habuk

пилосос

kaktus

кактус

lilin

свічка

dapur
кухня

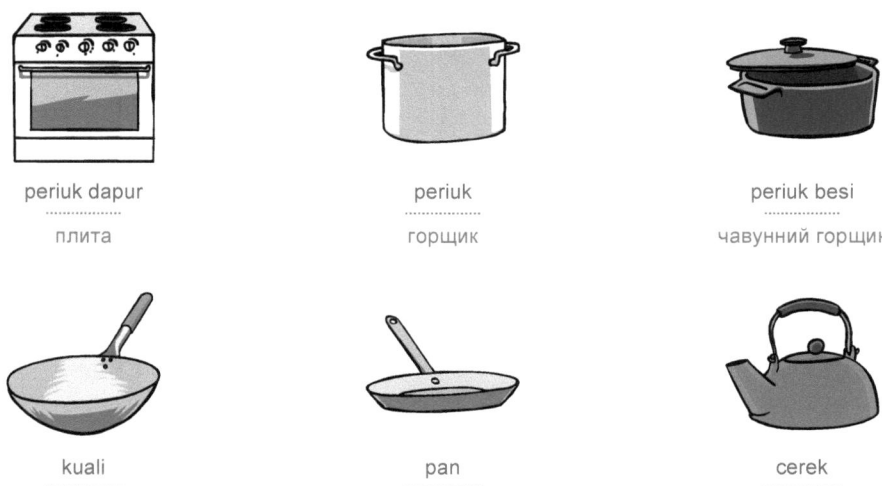

peti sejuk
холодильник
ketuhar gelombang mikro
мікрохвильова піч
penimbang dapur
кухонні ваги
pembakar roti
тостер
bahan pencuci
мийний засіб
oven
піч
penyejuk beku
морозильне відділення
tong sampah
відро для сміття
pembasuh pinggan mangkuk
посудомийна машина

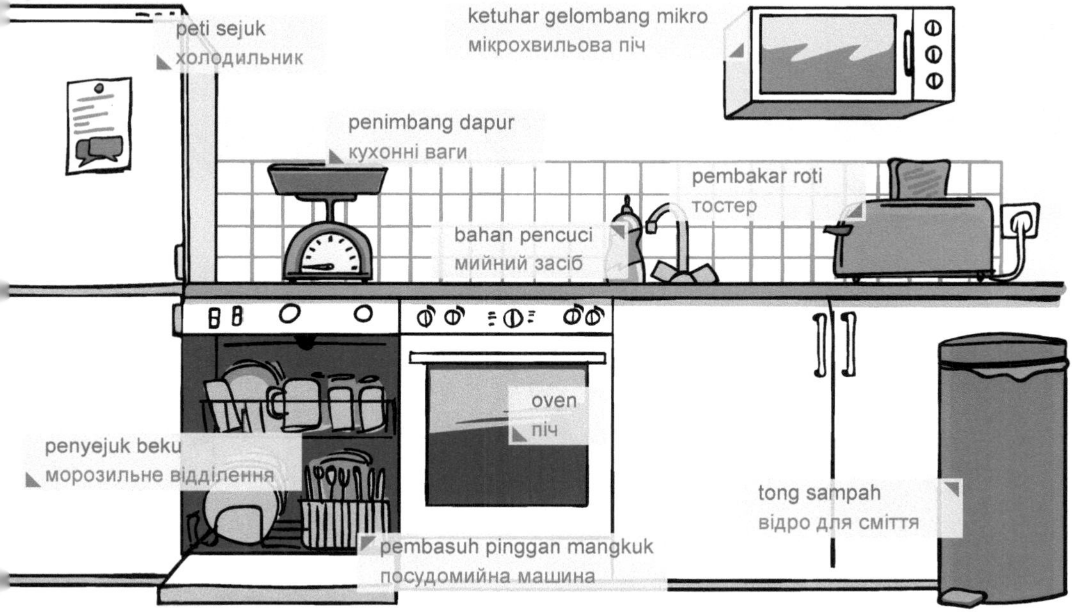

periuk dapur
плита

periuk
горщик

periuk besi
чавунний горщик

kuali
вок / кадай

pan
сковорода

cerek
чайник

pengukus

пароварка

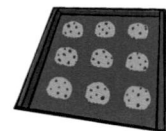

dulang pembakar

лист

pinggan mangkuk

посуд

koleh

кухоль

mangkuk

чаша

penyepit

палички для їжі

senduk

черпак

spatula

лопатка

pengadun

вінчик для збивання

penapis

сито

ayak

сито

pemarut

терка

mortar

ступка

barbeku

барбекю

pembakaran terbuka

багаття

papan pencincang

дошка

pin golekan

качалка

skru gabus

штопор

tin

конзерва

pembuka tin

відкривачка

pemegang periuk

прихватки

sinki

раковина

berus

щітка

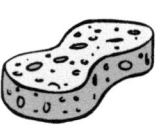

span

губка

pengisar

міксер

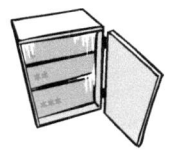

penyejuk beku

морозильна камера

botol bayi

дитяча пляшка

paip

кран

bilik air
ванна кімната

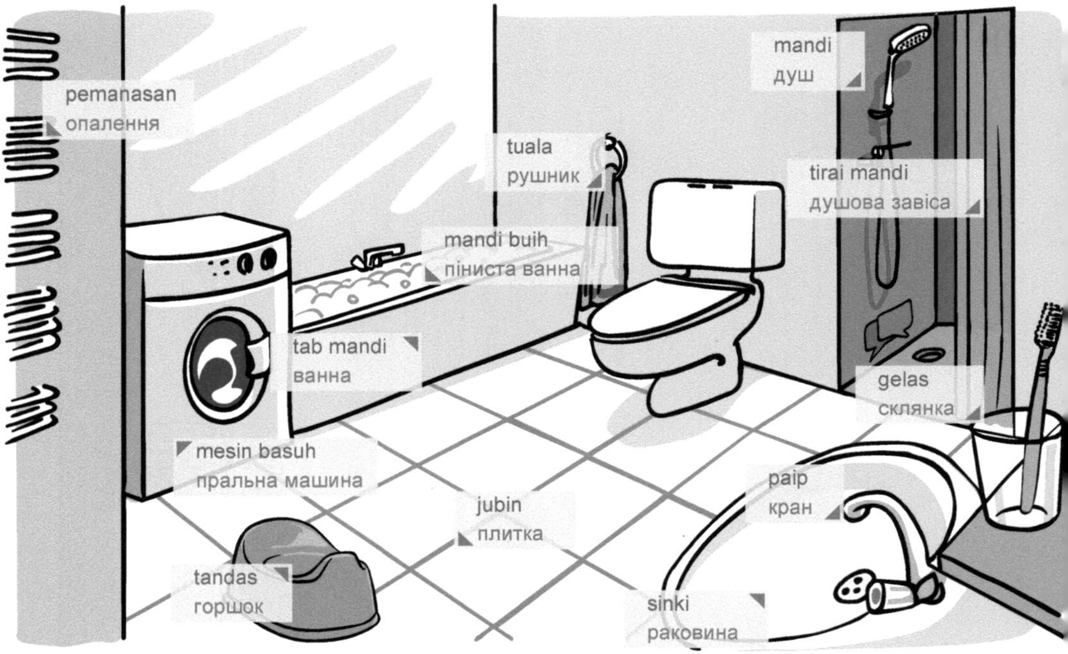

pemanasan
опалення
mandi
душ
tuala
рушник
tirai mandi
душова завіса
mandi buih
платиста ванна
tab mandi
ванна
gelas
склянка
mesin basuh
пральна машина
paip
кран
jubin
плитка
tandas
горщок
sinki
раковина

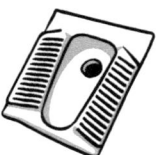

tandas

туалет

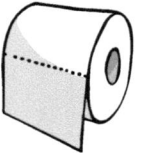

tandas mencangkung

підлоговий туалет

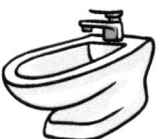

mangkuk tandas

біде

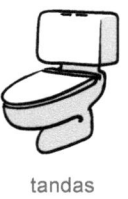

tandas awam

пісуар

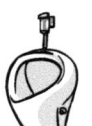

kertas tandas

туалетний папір

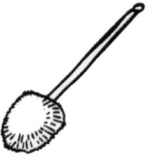

berus tandas

щітка для туалету

berus gigi

зубна щітка

ubat gigi

зубна паста

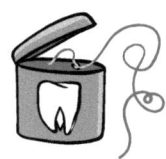

flos gigi

нитка для чищення зубів

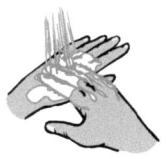

cuci

мити

mandian tangan

ручний душ

pancuran

інтимний душ

besen

таз

belakang berus

щітка для спини

sabun

мило

gel mandian

гель для душу

syampu

шампунь

flanel

мочалка

longkang

водостік

krim

крем

deodoran

дезодорант

cermin

дзеркало

cermin tangan

косметичне дзеркало

pisau cukur

бритва

busa cukur

піна для гоління

selepas cukur

лосьйон після гоління

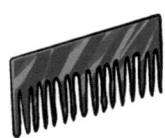

sikat

гребінь

berus

щітка

pengering rambut

фен

semburan rambut

лак для волосся

mekap

косметика

gincu

губна помада

varnis kuku

лак для нігтів

bulu kapas

вата

gunting kuku

ножиці для нігтів

pewangi

парфум

beg basuhan

косметичка

bangku

табурет

skala berat

ваги

jubah mandi

халат

sarung tangan getah

гумові рукавички

kapas

тампон

tuala wanita

гігієнічні прокладки

tandas kimia

біотуалет

bilik kanak-kanak

дитяча кімната

jam loceng
будильник
mainan kegemaran
м'яка іграшка
kereta mainan
іграшковий автомобіль
kerincing bayi
брязкальце
rumah anak patung
ляльковий будиночок
hadiah
подарунок

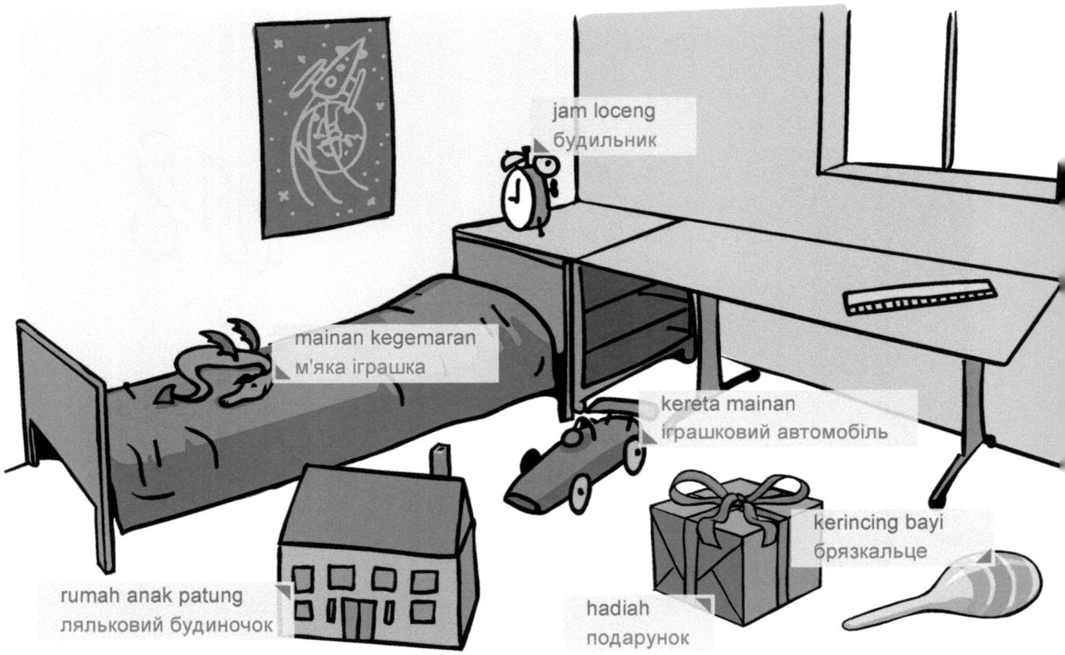

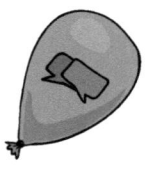

belon

повітряна кулька

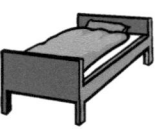

katil

ліжко

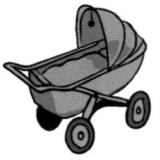

kereta sorong bayi

дитячий візок

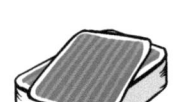

set kad

картярська гра

susun suai gambar

пазл

SUPER
MEGA

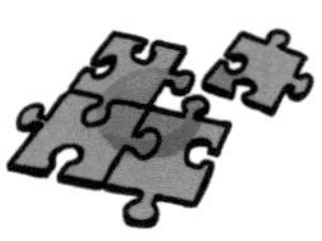

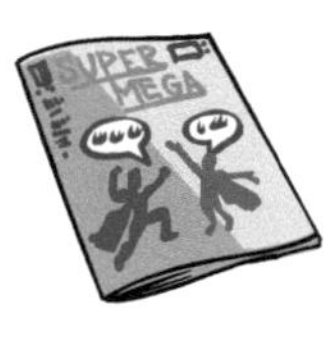

komik

комікс

batu bata lego

лего цеглинки

blok mainan

блоки

figura aksi

іграшкова фігурка

baju bayi

повзунки

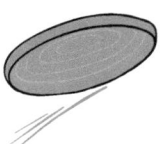

frisbee

фризбі

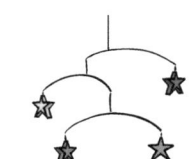

mainan bayi mudah alih

мобіле

permainan papan

настільна гра

dadu

кубик

set model kereta api

модель залізнична станція

palsu

соска

parti

вечірка

buku bergambar

книжка з картинками

bola

м'яч

anak patung

лялька

main

грати

lubang pasir

пісочниця

buai

гойдалка

mainan

іграшка

konsol permainan video

гральна консоль

basikal roda tiga

триколісний велосипед

anak patung beruang

плюшевий мішка

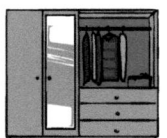

almari pakaian

шафа

pakaian

stoking

шкарпетки

stoking

панчохи

ketat

колготки

skarf
шарф

payung
парасоля

kemeja-t
футболка

g/keselamatan

but
чоботи

selipar
домашнє взуття

kasut sukan
кросівки

sandal
сандалі

kasut
взуття

but getah
гумові чоботи

seluar dalam
труси

coli
бюстгальтер

ves
нижня сорочка

badan

боді

Seluar panjang

штани

jean

джинси

skirt

спідниця

blaus

блузка

kemeja

сорочка

baju panas sarung

пуловер

sweater

светр

blazer

піджак

jaket

куртка

kot

пальто

baju hujan

дощовик

kostum

костюм

pakaian

сукня

baju pengantin

весільна сукня

sut

костюм

baju tidur

нічна сорочка

baju tidur

піжама

sari

сарі

skarf kepala

головна хустка

serban

чалма

burqa

бурка

kaftan

кафтан

abaya/jubah

абая

baju renang

купальник

seluar renang

плавки

seluar pendek

шорти

sut balapan

тренувальний костюм

apron

фартух

sarung tangan

рукавички

butang

гудзик

cermin mata

окуляри

gelang tangan

браслет

rantai leher

ланцюг

cincin

кільце

subang

сережка

topi

шапка

penyangkut kot

плічка

topi

капелюх

tali leher

краватка

zip

застібка-блискавка

topi keledar

шолом

pendakap

підтяжки

uniform sekolah

шкільна форма

seragam

уніформа

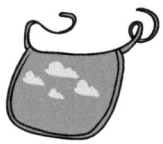

lapik dada

нагрудник

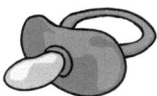

palsu

соска

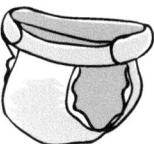

lampin

підгузок

pejabat

офіс

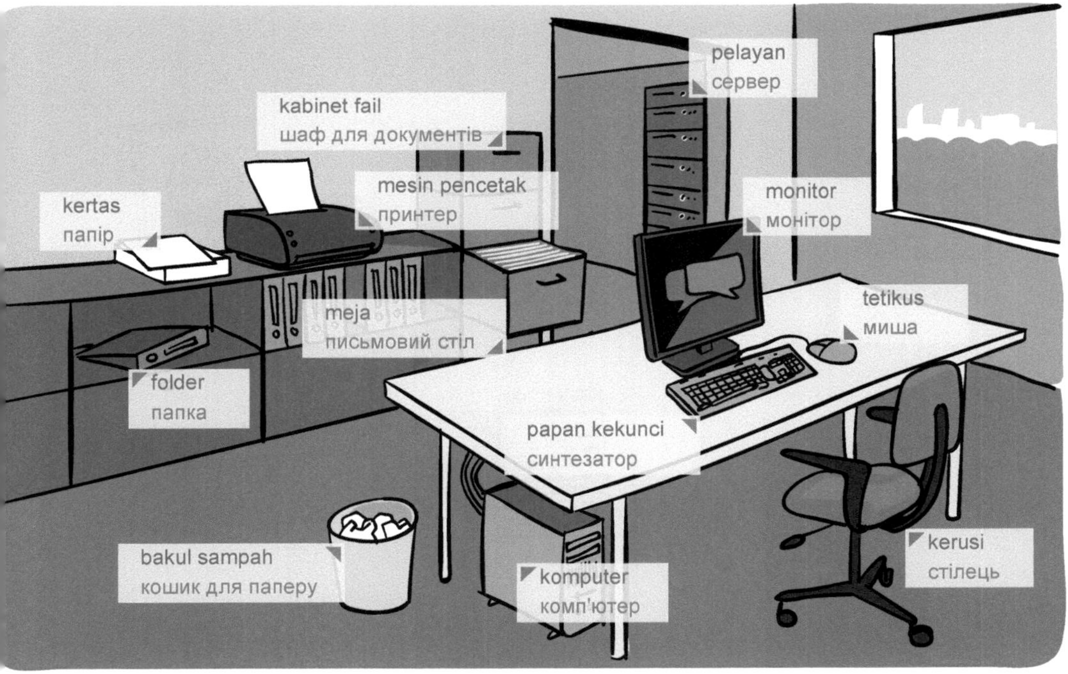
pelayan
сервер
kabinet fail
шаф для документів
mesin pencetak
принтер
kertas
папір
monitor
монітор
tetikus
миша
meja
письмовий стіл
folder
папка
papan kekunci
синтезатор
bakul sampah
кошик для паперу
kerusi
стілець
komputer
комп'ютер

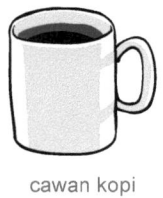

cawan kopi

кавовий кухоль

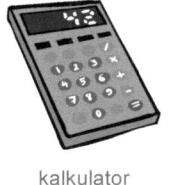

kalkulator

калькулятор

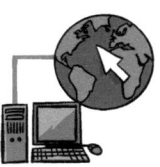

internet

інтернет

komputer riba

ноутбук

surat

лист

mesej

повідомлення

mudah alih

мобільний телефон

rangkaian

мережа

mesin fotokopi

копіювальний пристрій

perisian

програмне забезпечення

telefon

телефон

soket plag

розетка

mesin faks

факс

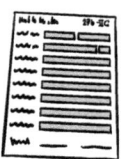

bentuk

бланк

dokumen

документ

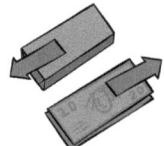

beli

купувати

bayar

платити

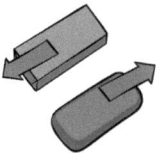

berdagang

торгувати

wang

гроші

USD

dolar

долар

EUR

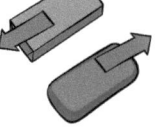

euro

євро

JPY

yen

ієна

RUB

rubel

рубль

CHF

franc swiss

франк

CNY

renminbi yuan

юанів женьміньбі

INR

rupee

рупія

mata tunai

банкомат

pejabat tukaran mata wang

обмінний пункт

emas

золото

perak

срібло

minyak

нафта

tenaga

енергія

harga

ціна

kontrak

контракт

cukai

податок

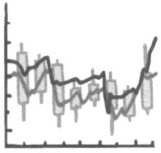

stok

акція

kerja

працювати

pekerja

працівник

majikan

роботодавець

kilang

фабрика

kedai

магазин

ekonomi - економіка

pegawai polis
поліцейський

ahli bomba
пожежник

tukang masak
повар

doktor
лікар

juruterbang
пілот

tukang kebun

садівник

tukang kayu

столяр

tukang jahit

швачка

hakim

суддя

ahli kimia

хімік

pelakon

актор

pemandu bas

водій автобуса

pemandu teksi

таксист

nelayan

рибалка

wanita pencuci

прибиральниця

kasau

покрівельник

pelayan

офіціант

pemburu

мисливець

pelukis

художник

bakeri

пекар

juruelektrik

електрик

pembangun

будівельник

jurutera

інженер

penjual daging

забійник

tukang paip

бляхар

posmen

листоноша

askar

солдат

arkitek

архітектор

juruwang

касир

kedai bunga

флорист

pendandan rambut

перукар

konduktor

кондуктор

mekanik

механік

kapten

капітан

doktor gigi

дантист

ahli sains

вчений

tuhanku

рабин

imam

імам

sami

монах

paderi

пастор

alat
інструменти

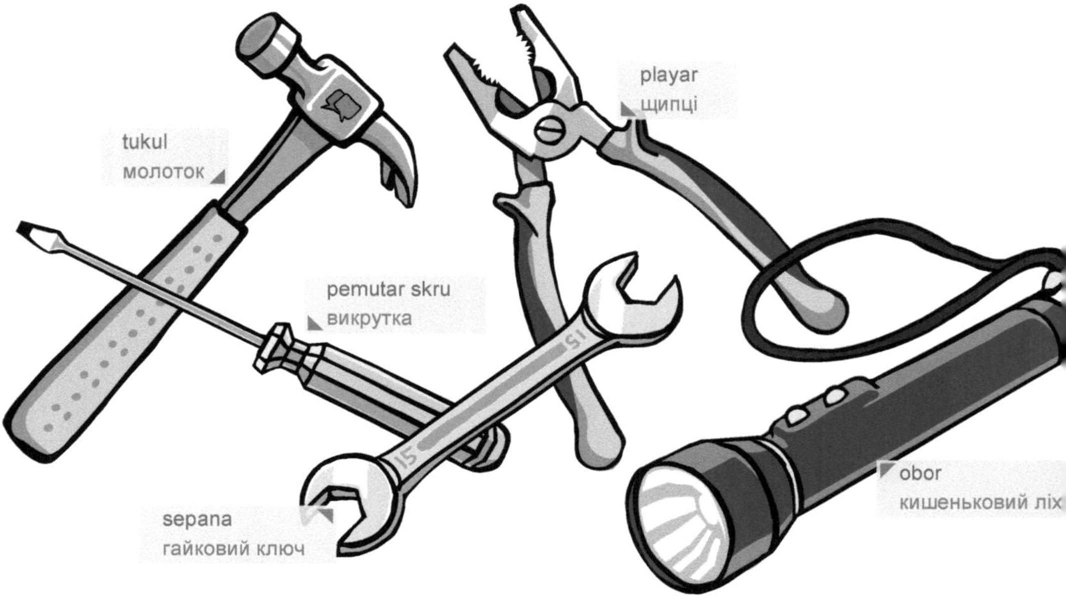

tukul
молоток
playar
щипці
pemutar skru
викрутка
sepana
гайковий ключ
obor
кишеньковий ліх

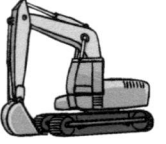

pengorek

екскаватор

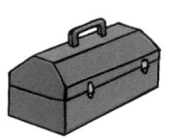

kotak peralatan

ящик для інструментів

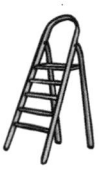

tangga

драбина

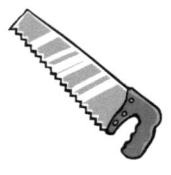

gergaji

пилка

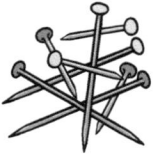

kuku

цвяхи

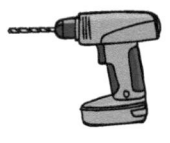

gerudi

свердло

baiki

ремонтувати

penyodok

лопата

Celaka!

лайно!

penadah sampah

совок

periuk cat

відро з фарбою

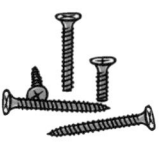

skru

гвинти

alat muzik
музичні інструменти

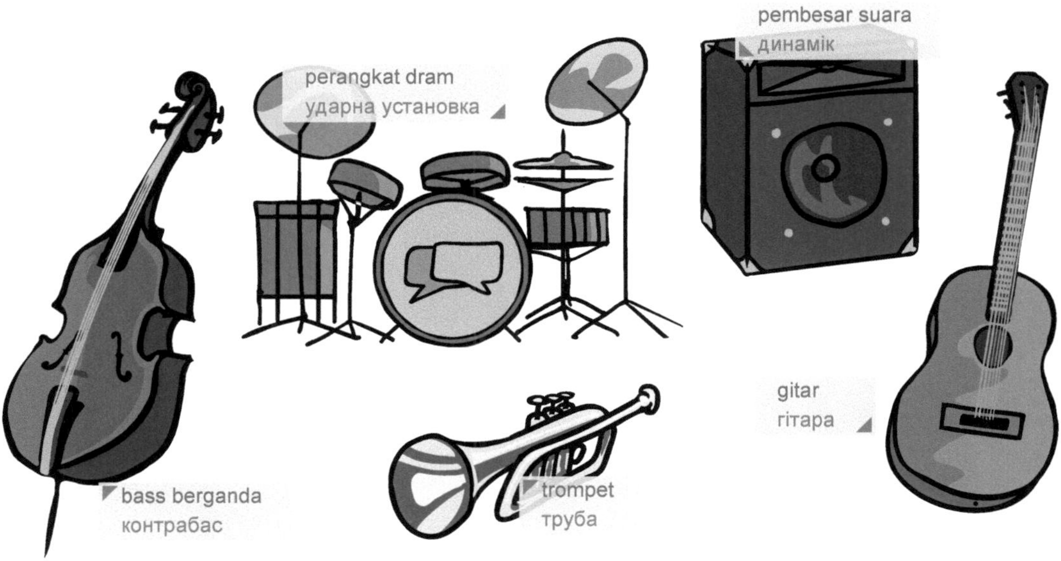

pembesar suara
динамік

perangkat dram
ударна установка

gitar
гітара

bass berganda
контрабас

trompet
труба

piano

фортепіано

biola

скрипка

bass

бас

timpani

литаври

dram

барабан

papan kekunci

клавіатура

saksofon

саксофон

seruling

флейта

mikrofon

мікрофон

alat muzik - музичні інструменти

zoo

зоопарк

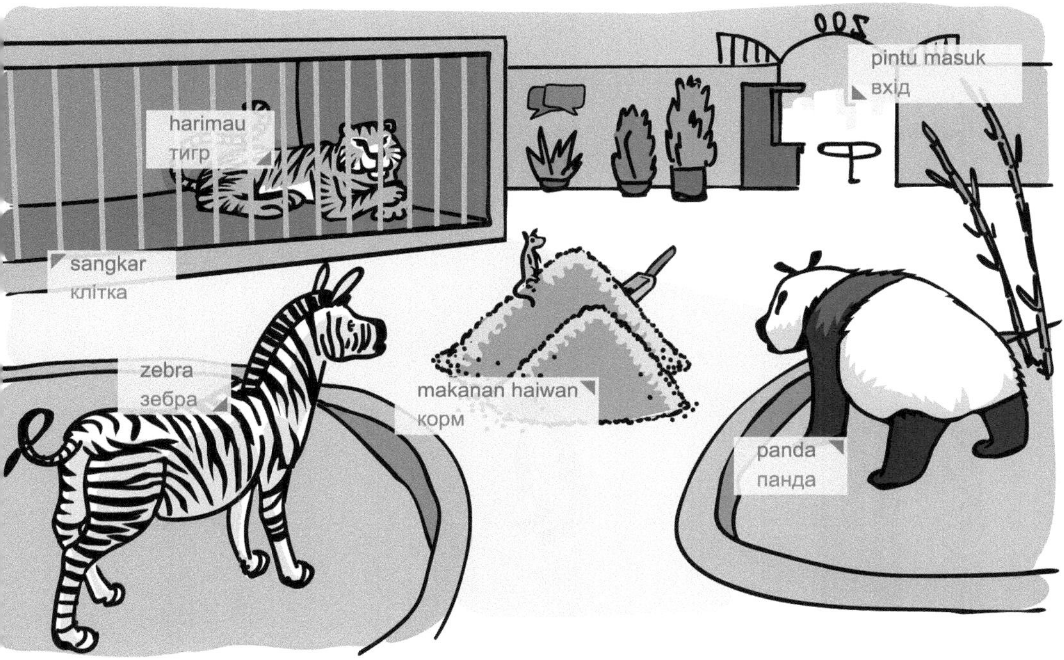

pintu masuk
вхід
harimau
тигр
sangkar
клітка
zebra
зебра
makanan haiwan
корм
panda
панда

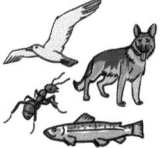

haiwan

тварини

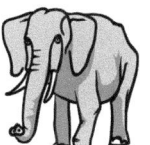

gajah

слон

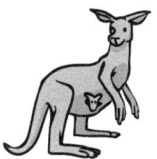

kanggaru

кенгуру

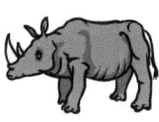

badak sumbu

носоріг

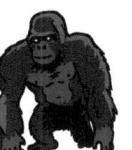

gorila

горила

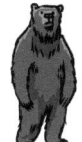

beruang

ведмідь

unta

верблюд

burung unta

страус

singa

лев

monyet

мавпа

flamingo

фламінго

nuri

папуга

beruang kutub

білий ведмідь

penguin

пінгвін

yu

акула

merak

павич

ular

змія

buaya

крокодил

penjaga zoo

працівник зоопарку

anjing laut

тюлень

jaguar

ягуар

kuda

понí

harimau

леопард

badak air

гіпопотам

zirafah

жираф

helang

орел

babi jantan

кабан

ikan

риба

penyu

черепаха

anjing laut

морж

musang

лисиця

rusa

газель

zoo - зоопарк

bola sepak Amerika
американський футбол

berbasikal
їзда на велосипеді

tenis
теніс

bola keranjang
баскетбол

renang
плавання

tinju
бокс

hoki ais
хокей

bola sepak
футбол

badminton
бадмінтон

olahraga
легка атлетика

bola baling
гандбол

ski
лижні перегони

polo
поло

lompat
стрибати

peluk
обіймати

ketawa
сміятися

berjalan
йти

menyanyi
співати

mimpi
мріяти

berdoa
молитися

cium
цілувати

tulis	lukis	tunjuk
писати	малювати	показувати

tolak	beri	ambil
тиснути	давати	брати

ada

мати

buat

робити

ialah

бути

berdiri

стояти

lari

бігати

tarik

тягнути

buang

кидати

jatuh

падати

tipu

лежати

tunggu

очікувати

bawa

носити

duduk

сидіти

pakai

одягати

tidur

спати

bangkit

просипатися

lihat pada
дивитися

menangis
плакати

strok
гладити

sikat
розчісувати

cakap
розмовляти

faham
розуміти

tanya
питати

dengar
слухати

minum
пити

makan
їсти

mengemas
прибирати

sayang
любити

masak
варити

pandu
їхати

terbang
літати

aktiviti - дії

belayar

йти під вітрилом

kira

рахувати

baca

читати

belajar

вчитися

kerja

працювати

nikah

одружуватися

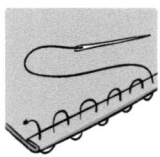

jahit

шити

memberus gigi

чистити зуби

bunuh

убивати

asap

курити

hantar

посилати

nenek
бабуся

datuk
дідуся

bapa
батько

ibu
мати

bayi
немовля

anak perempuan
донька

anak lelaki
син

tetamu

гість

mak cik

тітка

pak cik

дядько

abang

брат

kakak

сестра

badan

тіло

dahi
чоло
mata
око
bahu
плече
jari
палець
muka
обличчя
dagu
підборіддя
tangan
кисть
kaki
нога
dada
груди
lengan
рука

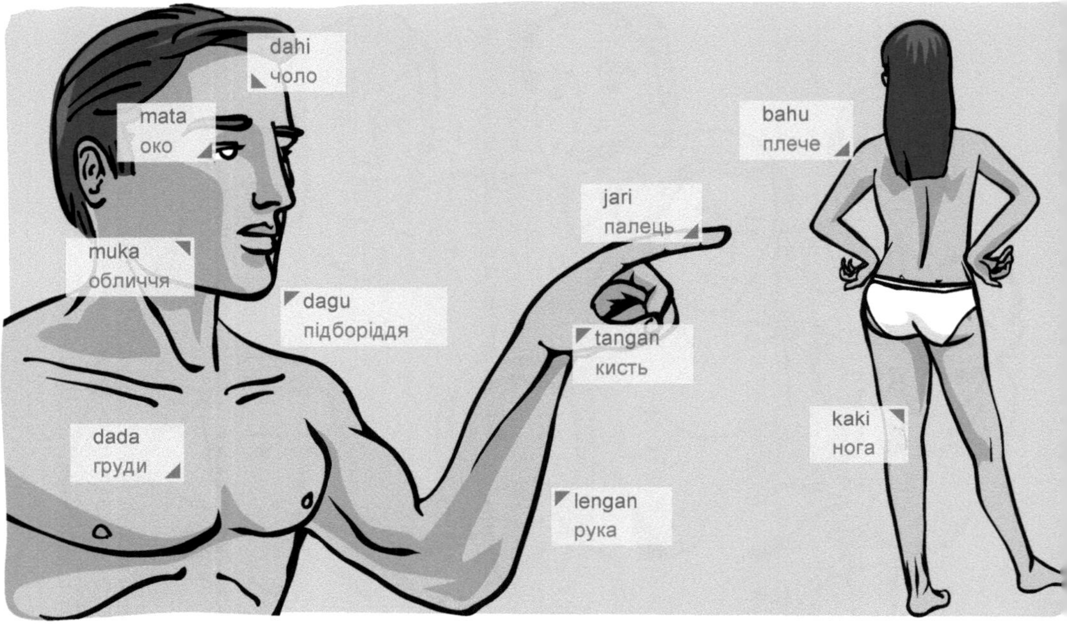

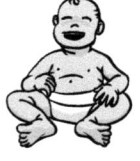

bayi

немовля

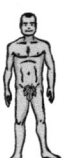

lelaki

чоловік

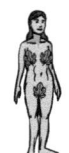

wanita

жінка

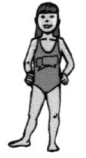

perempuan

дівчина

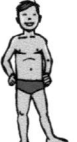

lelaki

хлопчик

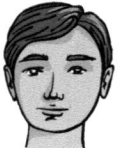

kepala

голова

belakang

спина

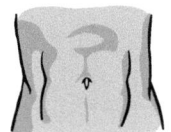

bawah perut

живіт

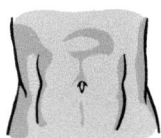

pusat

пуп

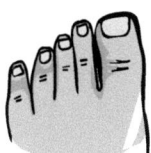

jari kaki

палець ноги

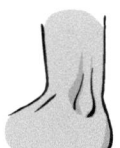

tumit

п'ята

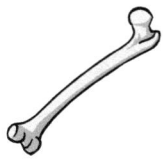

tulang

кістка

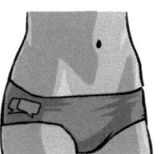

pinggul

стегно

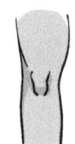

lutut

коліно

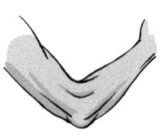

siku

лікоть

hidung

ніс

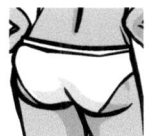

bawah

сідниці

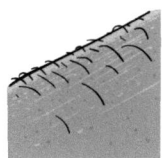

kulit

шкіра

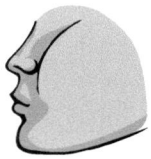

pipi

щока

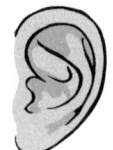

telinga

вухо

bibir

губа

badan - тіло

mulut
рот

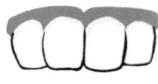

gigi
зуб

lidah
язик

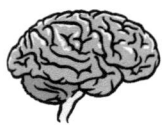

otak
мозок

hati
серце

otot
м'яз

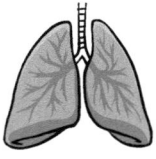

paru-paru
легені

hati
печінка

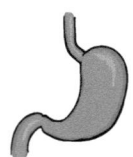

perut
шлунок

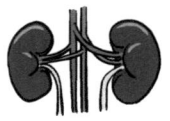

buah pinggang
нирки

seks
статевий акт

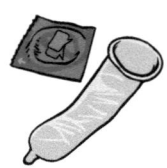

kondom
презерватив

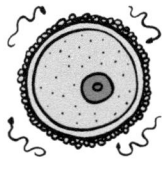

faraj
яйцеклітина

mani
сперма

mengandung
вагітність

badan - тіло

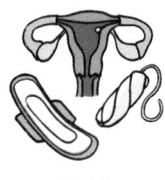

haid

менструація

faraj

вагіна

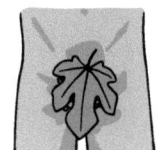

penis

пеніс

kening

брова

rambut

волосся

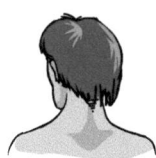

leher

шия

hospital
лікарня

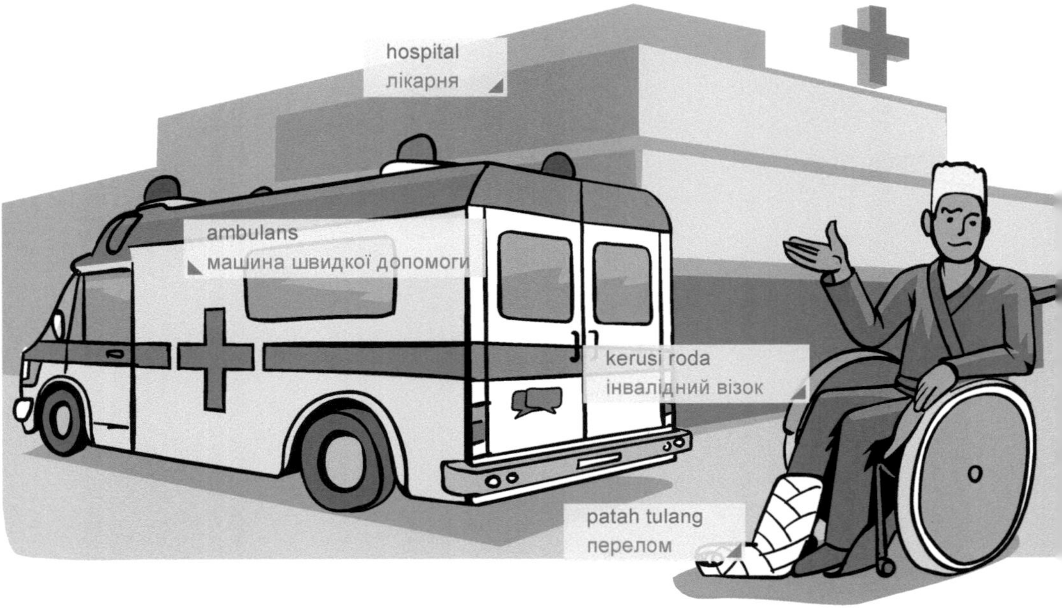

hospital
лікарня
ambulans
машина швидкої допомоги
kerusi roda
інвалідний візок
patah tulang
перелом

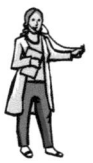

doktor

лікар

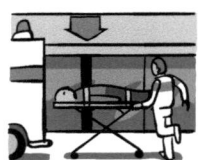

bilik kecemasan

відділення швидкої медичної допомоги

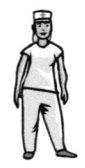

jururawat

медсестра

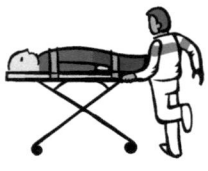

kecemasan

аварійний випадок

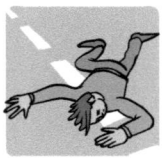

tak sedar

непритомний

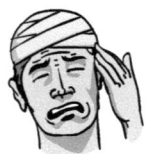

sakit

біль

kecederaan

травма

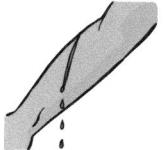

pendarahan

кровотеча

serangan jantung

інфаркт

strok

інсульт

alergi

алергія

batuk

кашель

demam

лихоманка

selesema

грип

cirit-birit

пронос

sakit kepala

головна біль

kanser

рак

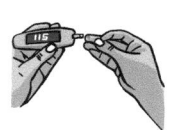

diabetes

діабет

pakar bedah

хірург

pisau bedah

скальпель

pembedahan

операція

hospital - лікарня

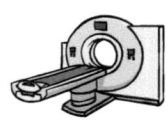

CT
КТ

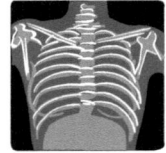

x-ray
рентген

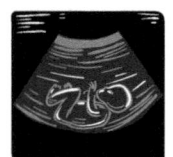

ultrabunyi
ультразвук

topeng muka
маска

penyakit
хвороба

bilik menunggu
зал очікування

penongkat
милиця

plaster
пластир

pembalut
пов'язка

suntikan
ін'єкція

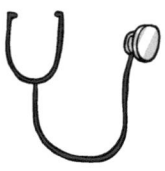

stetoskop
стетоскоп

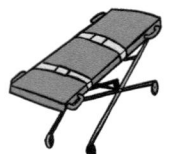

pengusung
ноші

termometer klinik
термометр

kelahiran
народження

berat badan berlebihan
надмірна вага

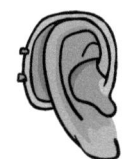

alat pendengaran

слуховий апарат

disinfektan

дезінфікуючий засіб

jangkitan

інфекція

virus

вірус

HIV / AIDS

ВІЛ / СНІД

perubatan

медицина

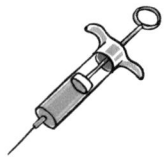

vaksinasi

вакцинація

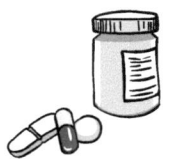

tablet

таблетки

pil

протизаплідна пігулка

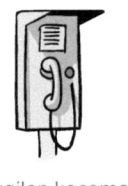

panggilan kecemasan

екстрений виклик

pantau tekanan darah

тонометр

sakit / sihat

хворий / здоровий

Tolong!

Допоможіть!

serang

напад

serangan

атака

bahaya

небезпека

pintu kecemasan

аварійний вихід

Api!

Вогонь!

penggera

сигнал тривоги

kemalangan

аварія

alat pemadam api

вогнегасник

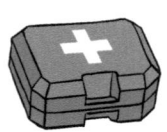

alat pertolongan cemas

аптечка

SOS

СОС

polis

поліція

Eropah

Європа

Amerika Utara

Північна Америка

Amerika Selatan

Південна Америка

Afrika

Африка

Asia

Азія

Australia

Австралія

Atlantic

Атлантика

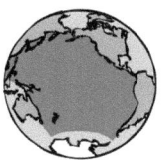

Pasifik

Тихий океан

Lautan Hindi

Індійський океан

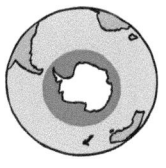

Lautan Antartik

Антарктичний океан

Lautan Artik

Північний Льодовитий
океан

Kutub utara

Північний полюс

Kutub Selatan

Південний полюс

Antartika

Антарктика

bumi

Земля

tanah

суша

laut

море

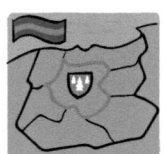

pulau

острів

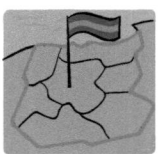

negara

нація

negeri

держава

muka jam

циферблат

tangan jam

годинникова стрілка

tangan minit

хвилинна стрілка

terpakai

секундна стрілка

Jam berapa sekarang

Котра година?

hari

день

masa

час

sekarang

зараз

jam digital

цифровий годинник

minit

хвилина

jam

година

minggu

тиждень

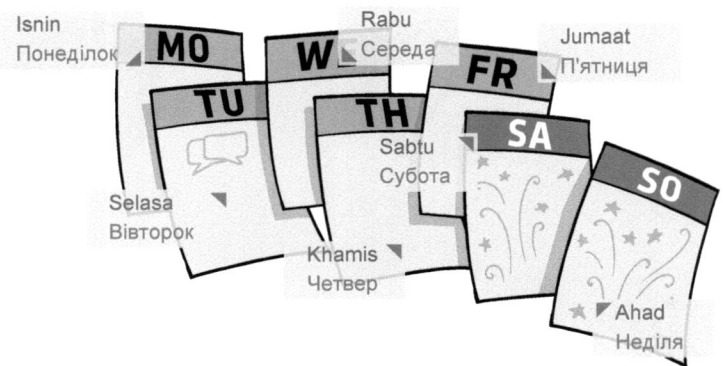

Isnin / Понеділок — MO
Selasa / Вівторок — TU
Rabu / Середа — W
Khamis / Четвер — TH
Jumaat / П'ятниця — FR
Sabtu / Субота — SA
Ahad / Неділя — SO

semalam

вчора

hari ini

сьогодні

esok

завтра

pagi

ранок

tengah hari

опівдні

petang

вечір

hari kerja

робочі дні

hari minggu

кінець робочого тижня

hujan
дощ

pelangi
веселка

salji
сніг

angin
вітер

musim bunga
весна

musim luruh
осінь

musim panas
літо

musim salji
зима

4.APRIL	11°	☀
5.APRIL	4°	☂
6.APRIL	13°	☁
7.APRIL	8°	❄
8.APRIL	10°	☀

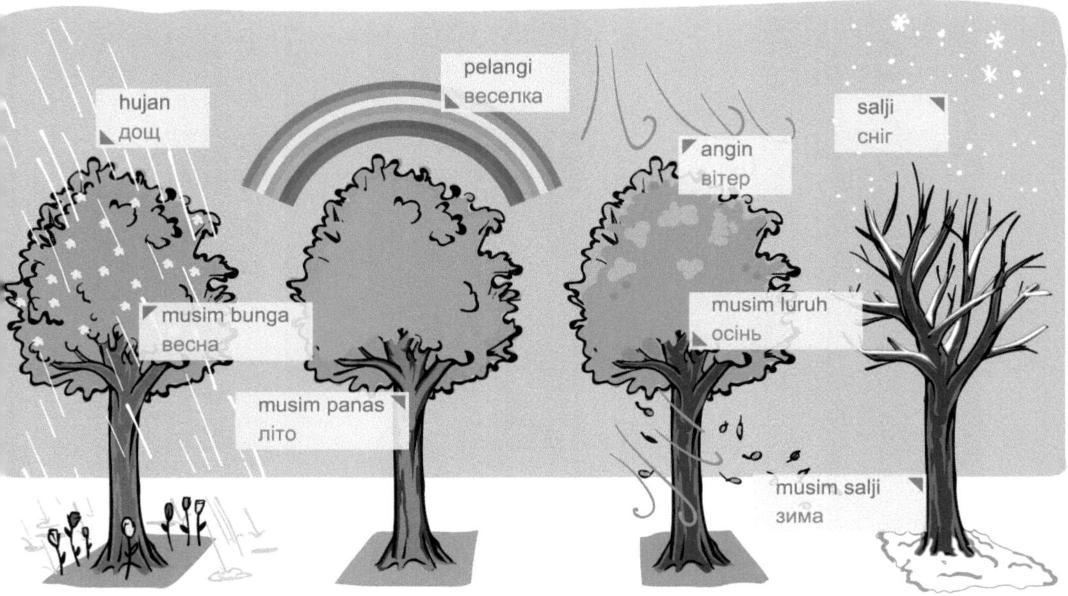

ramalan cuaca

прогноз погоди

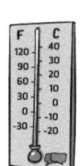

termometer

термометр

sinar matahari

сонячне світло

awan

хмара

kabus

туман

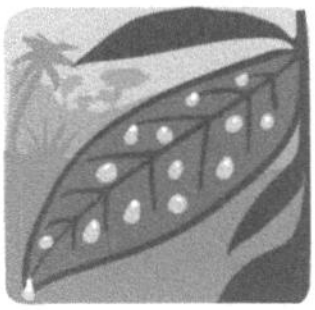

lembapan

вологість повітря

kilat

блискавка

petir

грім

ribut

шторм

hujan batu

град

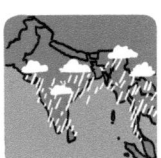

monsun

мусон

banjir

повінь

ais

лід

Januari

Січень

Februari

Лютий

Mac

Березень

April

Квітень

Mei

Травень

Jun

Червень

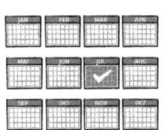

Julai

Липень

Ogos

Серпень

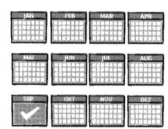

September

Вересень

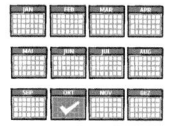

Oktober

Жовтень

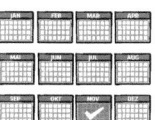

November

Листопад

Disember

Грудень

bentuk
форми

bulatan

круг

petak

квадрат

segi empat tepat

прямокутник

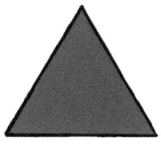

segitiga

трикутник

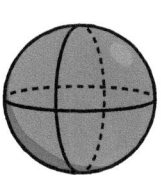

sfera

куля

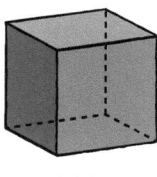

kiub

куб

putih

білий

kuning

жовтий

oren

помаранчевий

merah jambu

рожевий

merah

червоний

ungu

фіолетовий

biru

синій

hijau

зелений

coklat

коричневий

kelabu

сірий

hitam

чорний

banyak / sedikit

багато / мало

marah / tenang

лютий / мирний

cantik / hodoh

гарний / бридкий

bermula / tamat

початок / кінець

besar kecil

великий / малий

terang / gelap

світлий / темний

abang / kakak

брат / сестра

bersih / kotor

чистий / брудний

lengkap / tidak lengkap

завершений /
незавершений

hari / malam

день / ніч

mati / hidup

мертвий / живий

luas / sempit

широкий / вузький

boleh dimakan / tidak boleh dimakan

їстівний / неїстівний

jahat / baik

злий / дружній

teruja / bosan

збуджений / нудьгуючий

gemuk / kurus

товстий / тонкий

pertama / terakhir

спочатку / востаннє

kawan / musuh

друг / ворог

penuh / kosong

повний / порожній

keras / lembut

жорсткий / м'який

berat / ringan

важкий / легкий

lapar / dahaga

голод / спрага

sakit / sihat

хворий / здоровий

menyalahi undang-undang / undang-undang

незаконний / законний

pintar / bodoh

розумний / дурний

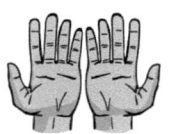

kiri / kanan

вліво / вправо

dekat / jauh

поруч / далеко

baru / lama

новий / використаний

tiada / sesuatu

нічого / щось

tua / muda

старий / молодий

hidup / mati

вкл / викл

terbuka / tertutup

відкрито / закрито

diam / bising

тихо / гучно

kaya / miskin

багатий / бідний

betul / salah

правильно / неправильно

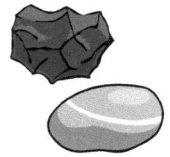

kasar / halus

шорсткий / гладкий

sedih / gembira

сумний / щасливий

pendek / panjang

короткий / довгий

lambat / laju

повільно / швидко

basah / kering

вологий / сухий

panas / sejuk

гарячий / холодний

berperang / berdamai

війна / мир

0

sifar

нуль

1

satu

один

2

dua

два

3

tiga

три

4

empat

чотири

5

lima

п'ять

6

enam

шість

7

tujuh

сім

8

lapan

вісім

9

sembilan

дев'ять

10

sepuluh

десять

11

sebelas

одинадцять

12

dua belas

дванадцять

13

tiga belas

тринадцять

14

empat belas

чотирнадцять

15

lima belas

п'ятнадцять

16

enam belas

шістнадцять

17

tujuh belas

сімнадцять

18

lapan belas

вісімнадцять

19

Sembilan belas

дев'ятнадцять

20

dua puluh

двадцять

100

ratus

сто

1.000

ribu

тисяча

1.000.000

juta

мільйон

Bahasa Inggeris

англійська

Bahasa Inggeris Amerika

американська англійська

Bahasa Cina Mandarin

китайська
високочиновницька

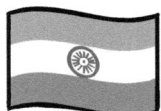

Bahasa Hindi

хінді

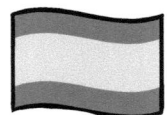

Bahasa Sepanyol

іспанська

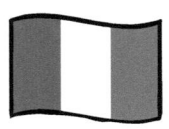

Bahasa Perancis

французька

Bahasa Arab

арабська

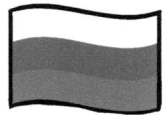

Bahasa Rusia

російська

Bahasa Portugis

португальська

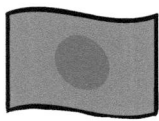

Bahasa Benggali

бенгальська

Bahasa Jerman

німецька

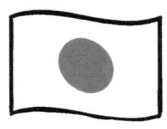

Bahasa Jepun

японська

saya

я

anda

ти

dia / dia / ia

він / вона / воно

kita

ми

anda

ви

mereka

вони

siapa?

хто?

apa?

що?

bagaimana?

як?

di mana?

де?

bila?

коли?

nama

ім'я

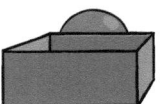

belakang

ззаду

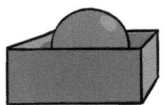

dalam

в

di hadapan

перед

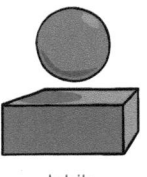

lebih

над

pada

на

di bawah

під

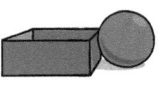

bersebelahan

біля

antara

між

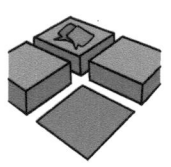

tempat

місце